المومْيا

كتبْها مُحمّد عُثْمان

The Mummy

Egyptian Arabic Reader – Book 15

by Mohamad Osman

lingualism

ISBN: 978-1-949650-24-2

Written by Mohamad Osman

Edited by Matthew Aldrich

English translation by Mohamad Osman

Cover art by Duc-Minh Vu

Audio by Heba Salah Ali

website: www.lingualism.com

email: contact@lingualism.com

Introduction

The **Egyptian Arabic Readers** series aims to provide learners with much-needed exposure to authentic language. The fifteen books in the series are at a similar level (B1-B2) and can be read in any order. The stories are a fun and flexible tool for building vocabulary, improving language skills, and developing overall fluency.

The main text is presented on even-numbered pages with tashkeel (diacritics) to aid in reading, while parallel English translations on odd-numbered pages are there to help you better understand new words and idioms. A second version of the text is given at the back of the book, without the distraction of tashkeel and translations, for those who are up to the challenge.

Visit the **Egyptian Arabic Readers** hub at **www.lingualism.com/ear**, where you can find:

- **free accompanying audio** to download or stream (at variable playback rates)

- a **guide** to the Lingualism orthographic (spelling and tashkeel) system

- a **forum** where you can ask questions about the vocabulary, grammar, etc. used in the story and help other learners

- a **blog** with tips on using our Egyptian Arabic readers to learn effectively

المومْيا

النّيل كان أزْرق و اليوْم كان حرّ جِداً. الشّمْس كانِت قوّية جِداً و صُهيْب كان حاسِس بِالحرّ الشّديد.

صُهيْب كان زهْقان و هُوَّ بِيِتْفرّج على الشّارِع. العربيات مكانِتْش كِتيرة أوي، و هُوَّ عمّال يِتْفرّج على كُلّ واحْدة بِتْعدّي جنْبُه.

صُهيْب و زمايْلُه كانوا راكْبين باص في رِحْلة لِمدينةْ أسْوان علشان يِزوروا معْبد أبو سِمْبِل. الجامْعة بِتاعِتْهُم كانِت مِرتِّباها. زمايِل صُهيْب كانوا مُتحمِّسين، لكِن صُهيْب نفْسُه كان عايِز يِرْجع البيْت.

"مالك بسّ يا صُهيْب؟ مِتْضايِق ليْه؟"

صُهيْب بصّ و لقى[1] زميلُه أحْمد. "لأ مفيش يا أحْمد... سرْحان شْوَيّة بسّ."

"طب صحْصح معايا كِده عشان قرّبْنا."

❖ ❖ ❖

بعْد رُبْع ساعة الباص وَصل[2] المعْبد. كان فيه شْوَيّة سُيّاح مِن دُوَل مُخْتلفة، بسّ مكانوش كِتير أوي. صُهيْب نِزِل مِن الباص هُوَّ و زمايْلُه.

The Mummy

The Nile was blue, and the day was very hot. The sun was very strong, and Sohaib felt extreme heat.

Sohaib was bored as he was watching the street. The cars were not a lot, and he was watching each one as it passed by him.

Sohaib and his classmates were riding on a bus trip to Aswan to visit the Abu Simbel temple. Their university had organized it. Sohaib's classmates were excited, but Sohaib himself wanted to return home.

"What's wrong, Sohaib? Why are you annoyed?"

Sohaib looked over and found his classmate Ahmed. "It's nothing, Ahmed... was only daydreaming a bit."

"Okay, wake up then because we're close."

After a quarter of an hour, the bus arrived at the temple. There were a few tourists from different countries, but there weren't many of them. Sohaib got off the bus with his colleagues.

---

[1] لقى to find can also be pronounced (and spelled) لقِي.

[2] وَصل to arrive can also be pronounced وِصل.

صُهيْب فِضِل شُوَيَّة مِركِّز معَ بِنْت زميلة ليه. كان إسْمها سلْمى. صُهيْب كان مُعْجب بسّ كان قلْقان يِقول لِسلْمى على مِشاعْرُه و هِيَّ مَيْكونْش عنْدها أيّ مِشاعِر ناحْيِتُه.

صُهيْب خد نفس عميق و طلّعُه. بعْد كِده بصّ فوْق و اِتْفرّج على التّماثيل الكِبيرة. كُلُّهُم كانوا شبهْ بعْض بِالظّبْط. كانوا قاعْدين في صفّ و كإِنُّهُم عائِلة ملكِية.

صُهيْب لاحِظ إنّ واحِد مِن التّماثيل كان نُصُّه الفوقاني مِش موْجود. "هُوَّ النُّصّ الفوقاني راح فيْن؟" صُهيْب سأل أحْمد.

"كان فيه زِلْزال خلّى النُّصّ الفوقاني يُقع. النُّصّ التّحْتاني بسّ هُوَّ اللي فِضِل."

صُهيْب كان فُضولي شُوَيَّة. "طب و لِمين التّماثيل دي؟"

"كُلّ تِمْثال فيهُم هُوَّ نفْس الشّخْص... رمْسيس التّاني."

"يَعْني ده كان فرْعوْن و عمل لِنفْسُه أرْبع تماثيل؟ ده شايِف نفْسُه قَوي!"

"هُوَّ عنْدُه حقّ بِصراحة. ده عمل حاجات عظيمة في مسيرْتُه."

"زيّ أيْه؟"

Sohaib kept looking at a girl who was his colleague. Her name was Salma. Sohaib liked her but was worried to tell Salma about his feelings and that she wouldn't have any feelings toward him.

Sohaib took a deep breath and let it out. After that, he looked up and watched the large statues. All of them were almost exactly the same. They were sitting in a row as though they were a royal family.

Sohaib noticed that one of the statues was missing its upper half. "Where did the upper half go?" Sohaib asked Ahmed.

"There was in an earthquake that made the upper half fall off. Only the lower half remained."

Sohaib was a little curious. "Okay, and who are these statues of?"

"Each statue of them is the same person... Ramses II."

"So this means that this was a pharaoh, and he made four statues for himself? He sees himself in an arrogant way!"

"It's his right, honestly. He had done great things in his career."

"Like what?"

"زيّ المعْبد اللي قُدّامك ده. تخيّل تِنْحت معْبد في الجبل و إنْتَ عايِش مِن تلاتْلاف سنة!"

"وِجْهِةْ نظر تُحْترم." صُهيْب فِضِل باصِص على التِّمْثال شْوَيّة. بعْد كِده هُوَّ و زمايْله دخلوا المعْبد.

❖ ❖ ❖

المنْظر جُوّه كان رَوْعة. على اليِمين و الشِّمال كان فيه صفّيْن لِتماثيل شبهْ بِالظّبْط اللي كّانوا برّه.

صُهيْب حسّ و كإنُّه رجِع تلاتّلاف سنة بِالفِعْل، و إنُّه بقى في عصْر الفراعْنة. صُهيْب حسّ إنّ المَوْضوع بدأ يِبْقى شيِّق بِالفِعْل.

الأرْض كانِت ناشْفة و مِتْغطّية بِالرّمْل، و في آخِر الممرّ بايِن كان فيه أوْضة كِبيرة و كانِت مِنوّرة شْوَيّة. لمّا الجماعة دخلوا صُهيْب لِقي إنّ الأوْضة فِعْلاً مِنوّرة بِشُعْلات نارية مِتْعلّقة على الحيْط.

الحيْط نفْسه كان لوْنه دهبي ضعيف، و كان فيه شُروخ. فيه شخْص خرج مِن المجْموعة اللي هِيَّ عِبارة عن صُهيْب و زمايْله و مُنظِّمين الرِّحْلة. المُنظِّمين كانوا برْضه شباب و فرْق السّن بيْنْهُم و بين صُهيْب مكانْش كِبير.

"Like this temple that's in front of you. Imagine carving a temple into a mountainside while living two thousand years ago!"

"A respectable point of view." Sohaib kept looking at the statue for some time. After that, he and his colleagues entered the temple.

The view inside was amazing. On the right and the left, there were two rows of statues that resembled exactly those that were outside.

Sohaib felt as though he had actually gone back three thousand years and that he was in the era of the pharaohs. Sohaib felt that the matter was actually starting to get interesting.

The ground was hard and covered with sand, and at the end of the corridor, there appeared to be a large room that was dimly lit. When the group entered [it], Sohaib found that the room was indeed lit by torches hanging on the walls.

The wall itself was a soft golden color, and it had cracks. A person emerged from the group consisting of Sohaib and his colleagues and the organizers. The organizers were also young, and the age difference between them and Sohaib was not big.

الشّخْص اللي خرج مِن المجْموعة ده كان مِن المُنظِّمين. كان رُفيّع و عنْدُه دقْن خفيفة، و كان لابِس تي شيرْت أحْمر و بنْطلوْن چينْز أزْرق و جزْمة بيْضا. شعْرُه كان قُصيرّ و كان لوْنه بُنّي غامِق.

أخد خطْوتيْن و بعْد كِده لفّ و بصّ لِلمجْموعة. "طيِّب يا جماعة، أنا إسْمي حُسام و أنا النّهارْده هكون مسْئول عن الرِّحْلة مِن دِلْوَقْتي لِحدّ أمّا نِركب الباص تاني. أيّ حدّ عنْدُه سُؤال، أيّ حدّ عايِز يِروح الحمّام، أَوْ أيّ حدّ نِفْسه يِقول حاجة يِقولّي. متِّفْقين؟"

"هنْشوف الموْميا إمْتى؟" واحِد ظريف مِن الشّباب سأل.

"هتْشوفْها، متْخافْش." حُسام قال و هُوَّ مُبْتسِم. كان باين في وِشُّه إنُّه بيِتْرَيِّق.

أحْمد قرّب مِن صُهيْب و اِتْكلِّم بِصوْت واطي. "تخيّل لقيْناها حيّة!"

"عادي، هجرّيها وَراك."

"عسل[1] يا صُهيْب."

"اِسْكُت بقى، عاوْزين نِسْمع!"

The person who left this group was one of the organizers. He was thin and had a light beard, and he wore a red t-shirt, blue jeans, and white shoes. His hair was short and was dark brown in color.

He took two steps and then turned and looked at the group. "Okay, everyone, my name is Hussam, and today I will be responsible for the trip from this moment going forward until we're back on the bus again. [If] anyone has a question, or anyone wants to go to the bathroom, or anyone has something to say, say it to me. Are we agreed?"

"When will we see the mummy?" A silly boy from the young men and women asked.

"You will see it, don't worry," Hussam said with a smile. It was obvious on his face that he was being sarcastic.

Ahmed approached Sohaib and spoke in a low voice. "Imagine we find it alive!"

"That's normal. I'll make it chase you."

"Very funny, Sohaib."

"Shut up, we want to hear!"

---

[1] عسل lit. honey is a sarcastic response.

حُسام كان بيشرح الموْضوع هيِمشي إزّاي و هيِلفّوا جوّه المعْبد إزّاي. "أوّل حاجة هنِتفرّق في الأوْضة دي كُلّنا لِلي عاوِز يِتفرّج على الكتابات على الحيْط أوْ التّماثيل الموْجودة هنا أوْ لَوْ حدّ عاوِز يِدْخل الحمّام. هنِعْقُد نُصّ ساعة، بعْد كِده هنِتجمّع هنا تاني. محدِّش يِبعد و محدِّش يِدْخُل في أيّ أوْضة أوْ أيّ ممرّ مِش تبعْنا."

"شكْلك خايِف كِده مِن لعْنة الفراعْنة!" واحد مِن زمايِل صُهيْب اتْكلم و لكن حسّ بغلْطتُه في لحْظتها. كان فيه سُكوت تامّ و الوَلد كان مُحْرج جِدّاً.

وِشّ حُسام كان مِتغيّر و صُهيْب كان حاسِس إنّه شوِيّة و كان هيِغْلط في الوَلد. "إنْتَ شكْلك وِحش و أنا أنْصحك إنّك متِتْكلّمْش تاني."

حُسام بعْد كِده بصّ للمجْموعة ككُلّ. "حدّ عنْدُه أسْئلة يا جماعة؟ تمام، نُصّ ساعة و نتْقابِل هنا كُلّنا." المجْموعة اتْفرّقت مجْموعات أصْغر و كُلّ واحْدة راحِت في اتّجاه. للأسف سلْمى كان معاها ناس كِتير و صُهيْب مكانْش هيِعْرف يكلِّمْها.

بسّ صُهيْب مكانْش هيْخلّي ده يضايْقُه. صُهيْب بصّ على يمينُه و لقى أحْمد و راحْله. "هنعْمل أيْه؟"

"شوف إنْتَ نفْسك في أيْه."

Hussam was explaining how the matter [the trip] would go and how they would walk around the temple. "The first thing is to split up in this room for anyone who wants to see the writings on walls or statues that are here, or if someone wants to enter the bathroom. We will remain a half-hour, and then we will gather here again. Nobody stray too far, and nobody enter any room or corridor that doesn't belong to us [is not in the trip plan]."

"You look afraid of the curse of the pharaohs!" One of Sohaib's classmates spoke but felt his mistake at that moment. There was complete silence, and the boy was very embarrassed.

Hussam's face had changed, and Sohaib felt that he was about to say something bad to the boy. "You look bad, and I advise you that you don't talk again."

After that, Hussam looked at the group as a whole. "Anyone have questions, guys? Right, half an hour, and we all meet here." The group broke up into smaller groups, and everyone went in a [different] direction. Unfortunately, Salma had many people with her, and Sohaib would not be able to talk to her.

But Sohaib would not let this bother him. Sohaib looked over on his right and found Ahmed and went to him. "What will we do?"

"See what you want [to do, and we will do it]."

صُهيْب أخد أحْمد على جنْب. "بقولّك أيْه... شايِف الأوْضة اللي هِناك دي؟"

"أحْمد ضِحِك شْوَيّة. "بِتْفكّر في أيْه يا مجْنون؟"

"تعالى قبْل ما حدّ ياخُد بالُه... أوْضِةْ أيْه و قرف[1] أيْه! أنا زهْقان أصْلاً."

❖ ❖ ❖

صُهيْب و أحْمد اِتْسحّبوا وِسْط المجْموعة و مِن غيْر ما حُسام ياخُد بالُه. وَصلوا لِمدْخل الأوْضة التّانْيَة و لقوها فاضْيَة.

"بُصّ هِناك." أحْمد شاوِر على رُكْن مِن الأوْضة. صُهيْب بصّ و لقى بِدايةْ ممرّ و كان بايِن إنُّه ضلْمة جدّاً. الواحِد يِدْخُل جُوّه مَيْشوفْش حاجة.

"بقولّك أيْه... بلاش هبل و يَلّا نِرْجع. هنِدْخُل جُوّه هنْتوهْ و هتِبْقى مُصيبة سوْدا."

"بطّل قلق على وَلا حاجة. نِتوهْ أيْه يابْني؟ هُوَّ اِتِّجاهْ واحِد هنِمْشيه، لَوْ زِهِقْنا هنْلِفّ و نِرْجع. موبايْلك و كشّافك و مِش عايِز حاجة مِن حدّ!"

"مِش حاسِسْها بِصراحة. اِعْتِبِرْني برّه الموْضوع."

"بِراحْتك." صُهيْب خد خطْوَة لِقُدّام.

Sohaib took Ahmed aside. "You know what... see that room over there?"

Ahmed laughed a little. "What are you thinking, you maniac?"

"Come before someone notices... What a disgusting room! I'm already bored."

Sohaib and Ahmed sneaked their way through the group without Hussam's noticing. They reached the entrance to the second room and found it empty.

"Look over there." Ahmed pointed toward the corner of the room. Sohaib looked and found the beginning of a corridor, and it was apparent that it was very dark. If one were to go inside, he would not see anything.

"You know what... let's stop this nonsense and go back. We will go in and get lost, and it'll be a disaster."

"Stop worrying over nothing. [What do you mean] get lost, man? It is one direction that we'll take, and if we are bored, we will turn and go back. [You have] your cell phone and your flashlight, and you don't need anything from anyone!"

"Frankly, I'm not feeling it. Count me out (of this)."

"As you like." Sohaib took a step forward.

---

[1] Here, قرف is used to show annoyance over the fact that they'll stay in the room–not disgust at the room itself.

"هترْوح لِوَحْدك؟"

"إنْتَ شايِف أيْه؟"

"بِالسّلامة. إبْقى سلِّمْلي على المومْيا اللي جُوّه."

"يِوْصل يا حبيبي. بلاش تِسيّحْلي بسّ."

"متْخافْش، هُمّا هَيِعْرفوا لِوَحْدُهُم مِن صُويتك."

"عسل."

❖ ❖ ❖

صُهيْب طلّع موبايْله و دخل جُوّه الممرّ و هُوَّ مِش عارِف هُوَّ رايِح فينْ و مِش شايِف الممرّ هَيْوَصّلُه فينْ. فتح الكشّاف اللي في موبايْلُه و لِقي إنّ الممرّ كان بِيْضيق تدْريجِيّاً. الحيْط كان بِيْضيق و السّقْف كان بِيِقْصر برْضُه.

صُهيْب حسّ بِنوْع مِن التّردُّد بسّ تجاهل ده و كمِّل في طريقُه عادي. الدُّنْيا كانِت ضلْمة جِدّاً. مِن غيْر الكشّاف كان هَيْكون كإنُّه أعْمى.

صُهيْب بصّ وَراه و لِقي إنّ الضّوْء اللي جّاي مِن الأوْضة كان بدأ يِضْعف. و قُدّامُه الدُّنْيا كانِت لِسّه سوْدا. الموْضوع بدأ يِقْلِقُه بسّ هُوَّ جازِف و كمِّل. هَيِحْصل أيْه يَعْني؟ شُوَيّة ضلْمة و تُراب و خلاص.

"Are you going alone?"

"Can't you see that?"

"Goodbye, then. Send the mummy inside my regards."

"I'll make sure it receives it. Just don't tell anyone on me."

"Don't worry, they'll know by themselves from your screams."

"Hmm. Very funny!"

Sohaib got out his cell phone and entered the corridor, and he did not know where he was going and did not see where the corridor would lead him. He turned on the flashlight on his cell phone and found that the path was gradually narrowing. The wall was getting narrower, and the ceiling was getting shorter, as well.

Sohaib felt a kind of hesitation but ignored it and kept going [the same way]. The place was very dark. Without a flashlight, it would have been as though we here blind.

Sohaib looked behind him and found that the light coming from the room was getting weaker. And before him, the place was still so dark. It started to worry him, but he ventured to continue. What would happen, anyway? A little darkness, dust, and that's all.

يمْكِن حاجة تِحْصل يعْرف يقول عليْها لِسلْمى.

صُهيْب سِمِع صوْت حدّ بيِتْنفِّس و وِقِف. بصّ ورَاه. الضّوْء كان مِش موْجود تقْريباً.

بصّ قُدّامُه. مفيش حدّ. و الدُّنْيا لِسّه سوْدا خالِص. صُهيْب أقْنع نفْسه إنُّه بيِتْخيِّل، خد نفس عميق و كمِّل.

شْوَيّة و صُهيْب بصّ ورَاه لِقي إنّ الضّوْء اِخْتفى خالِص. قُدّامُه كان فيه ضوْء تاني. و كإنّ الضّوْء بدِّل مكانُه. أوْ صُهيْب لفّ و رِجِع و هُوَّ مِش واخِد بالُه.

المُهِمّ إنّ صُهيْب لاحِظ الأوْضة الجِديدة كانِت شبهْ الأوْضة اللي فاتِت. و كإنّها نفْس الأوْضة مِن غيْر النّاس.

صُهيْب وِصِل لِلأوْضة و لِقي ولا حاجة.

"أيْه الهبل ده؟" صُهيْب قال في سِرُّه. الأوْضة كانِت فاضْية تماماً، و الأرْض كانِت لوْنها سوْدا و كانِت مصْنوعة مِن حجر.

الحيْط كان أبْيَض خالِص. و في نُصّ الحيْطة القُدّامانية صُهيْب لاحِظ رسْمة لِباب. الغريب إنُّه كان باين إنُّه باب و هُوَّ مِش باب… ده كان قبْر.

Perhaps something could happen that he could tell Salma about.

Sohaib heard the sound of someone breathing and stopped. He looked behind him. The light [from the room] was almost non-existent.

He looked in front of him. No one. It was still pitch dark. Sohaib convinced himself that he was imagining, took a deep, and continued.

Sometime later, Sohaib looked behind him and found that the light had completely disappeared. In front of him was another light. It was as if the light had swapped places. Or Sohaib had turned and was moving the other direction, unaware.

Anyhow, Sohaib noticed that the new room was similar to the last room. It was as though it were the same room minus the people.

Sohaib reached the room and found nothing.

"What is this nonsense?" Sohaib said to himself in a low voice. The room was completely empty, and the ground was black and made of stone.

The walls were pure white. In the middle of the front wall, Sohaib noticed the outline of a door. The strange thing was that it looked like a door, but it was not [really] a door... it was a tomb.

صُهَيْب كشَّر و قرَّب من القبر شُوَيَّة. كان فيه هُدوء مِش طبيعي، و كإنّ الصَّوْت في الأُوْضة اتْشفط.

و هُوَّ واقف عند القبر اللي مبني جُوَّه الحيطة، كان فيه صوْت حاجة بتتْهبِد، و كإنّه انْفِجار... و في نفس الوقْت مِش انْفِجار.

صُهَيْب بصّ وَراه و قلْبُه وِقع في رجْله.

قُدّامُه كان فيه شخْص واقِف... ملْفوف في كفن معفَّن. و الكفن كان مُتآكِل و باين إنّه كان تحْت الأرْض¹. بعْد ثانْية صُهَيْب لاحظ إنّ الشَّخْص ذات نفسُه كان بِبان إنّه تحْت الأرْض.

بِغضّ النّظر، صُهَيْب بدأ يِخاف. "إنْتَ مين؟"

مكانْش فيه ردّ و الشّخْص فضل واقِف ثانْية. بعْد كده خد خطْوة لقُدّام بطريقة خلّت قلْب صُهَيْب يُقع في رجْله تاني.

"إنْتَ بتعْمِل أيه يا عمّ؟ ما تُرُدّ عليّا!"

برْضه مفيش ردّ. خطْوة كمان. المسافة بينْهُم كانت حَوالي سبْع خطَوات دِلْوَقْتي. صُهَيْب بدأ يِسْمع صوْت حد بِيتْنفّس. بالظّبط زيّ اللي سمْعُه في الممرّ الضّلْمة.

"بقولّك أيه... متهزّرْش. لَو قرّبْت منّي هزعّلك بجدّ."

Sohaib frowned and advanced toward the tomb a little. There was an unnatural silence as if the sound in the room had been sucked out.

As he was standing at the tomb that was built inside the wall, there was a sound of something crashing, as if it were an explosion... but at the same time, not an explosion.

Sohaib looked behind him, and his heart fell into his leg.

Before him was standing a person... wrapped in a rotten shroud. The shroud was worn out, and it was evident that it had been buried. A second later, Sohaib noticed that the person himself looked like he had been buried.

Regardless, Sohaib was getting scared. "Who are you?"

There was no response, and the person remained standing for a second. After that, he took a step forward in a way that made Sohaib's heart fall into his leg again.

"What are you doing, man? Answer me!"

Still no response. Another step. The distance between them was about seven steps now. Sohaib began to hear the sound of someone breathing... exactly the same thing he'd heard in the dark corridor.

"You know what... stop messing around. If you get near, I will make you regret it."

---

[1] تحْت الأرْض lit. underground

مفيش ردّ. مع كلّ خطْوة قلْب صُهيْب قعد يِدقّ أسْرع و الخوْف قعد يِزيد. صُهيْب بصّ بِسُرْعة حواليْه و لقي ممرّ تاني صُغيّر على شِماله.

أربع خطْوات. بعْد ثانْية صُهيْب جِري قُدّام و حوالين الشّيْء المُرْعِب ده، اللي هُوّ فِضل واقِف و كإنّه بِيتْفرّج صُهيْب هيعْمِل أيه.

صُهيْب كان بِيحاوِل يوصل الممرّ الرّئيسي. من رُكْن عِينْه صُهيْب لاحِظ إنّ الشّخْص اتْحرّك.

في ثانْية الشّيْء كان داخِل عليْه بِسُرْعته.

صُهيْب لقي نفْسه دخل شِمال عشان يِبعِد. الخوْف كان تقْريباً هَيقْتِله الأوّل. زوّد سُرْعته و دخل الممرّ الصُّغيّر.

المرّة دي كان مِنوّر بِطريقة شبه الأوْضة الأوّلانية خالِص.

آخِر الممرّ كان فيه أوْضة تانْية مِش بعيدة. بسّ كانت ضلْمة.صُهيْب كان لِسّه سامِع صوْت نفْس الشّيْء و كإنّه لازِق في ضهْرُه.

صُهيْب جِري لِحدّ آخِر الممرّ و طلّع موبايْله. لمّا وِصل الأوْضة فتح الكشّاف و لِقي قُدّامه طرابيْزة كِبيرة من طوب.

لوْنها دهبي و كان ليها رسْمة باب برْضه.

No response. With every step, Sohaib's heart would beat faster, and his fear would increase. Sohaib quickly looked around and found a small second corridor on his left.

Four steps [remained]. A second later, Sohaib ran in front and around this terrifying thing, which remained standing as if to watch what Sohaib was doing.

Sohaib was trying to reach the main corridor. From the corner of his eye, Sohaib noticed that the person had moved.

Within a second, the thing was closing in on him with its speed.

Sohaib found himself moving left to get away. [If anything,] fear would probably kill him first. He increased his speed and entered the small corridor.

This time it was illuminated in a way that resembled the very first room.

The end of the corridor was in another room [that was] not far away. But it was dark. Sohaib could still hear the sound of that same thing as if it had been stuck to his back.

Sohaib ran to the end of the corridor and got out his cell phone. When he arrived in the room, he turned on the flashlight and found a large stone table in front of him.

It was golden in color and also had a door outline.

ده كان قبر تاني. المرّة دي كان الباب مفتوح. الباب كان مرمي عند الحيطة القُدّامانية بتاعة الأوضة.

صُهيب جري ناحية القبر و هُوَّ معدّي لاحظ إنّ فيه شخص تاني جوّه، شبه اللي كان بيجري وَراه ما عدا حاجة واحدة.

الشخص ده كان ميّت، غير إنّه كان لابس درع، و إنّه كان ماسك سيف.

صُهيب مدّ إيده و مسك السيف. اتفاجئ إنّ السيف كان خفيف في إيده. صُهيب لفّ و بصّ، لقي الشيء واقف و كإنّه بقاله فترة.

صُهيب رفع السيف. "لَوْ قرّبت مِنّي هشوّهك... و إنتَ مش ناقص أصلاً."

الصّوت اللي طلع مِن الشيء أكّد لصُهيب إنّه كان حرفيّاً بيتكلّم مع موميا. ده غير إنّ قلبُه كان هِيْنط مِن الخضّة. صُهيب شتمها في سرّه.

فجأة الموميا جرَيت ناحية صُهيب. مكانْش فيه وقت أوْ مجهود إنّ صُهيب يكمّل جري.

صُهيب رفع السيف شُويّة كمان و نزل بيه على راس الموميا.

السيف شرخ في نُصّ راسها. و الصّوت اللي طلع كان تقريباً صوت وَجع شِديد مِنها.

It was another sarcophagus. This time the door was open. The door lay at the front wall of the room.

Sohaib ran towards the sarcophagus. As he passed it, he noticed that there was another person inside, similar to the one chasing him, except for one thing.

This person was dead, not to mention that he was wearing armor and was holding a sword.

Sohaib reached out and grabbed the sword. He was surprised that the sword was light in his hand. Sohaib turned and looked over to find the thing standing as if it had been there for a while.

Sohaib raised the sword. "If you come near me, I'll ruin you... and it's not like you need any more [ruining]."

The sound that came out of the thing confirmed to Sohaib that he was literally talking to a mummy. Not to mention that his heart had almost jumped [out of his chest] from the scare. Sohaib swore at it to himself.

Suddenly the mummy ran towards Sohaib. There was no time or energy for Sohaib to keep running.

Sohaib raised the sword a little more and swung it down it on the head of the mummy.

The sword cracked half of its head. And the sound that left it was probably the sound of severe agony from it.

صُهَيْب شاف دِراع المومْيا بتِتْحرّك و فجْأة كان فيه ضغْط قَوي حَوالين زوْرُه. الضّغْط كان بيِزيد جامِد و صُهَيْب حسّ بِوَجع رهيب.

صُهَيْب لِقي نفْسُه بيِصوّت مِن الوَجع بسّ مكانْش فيه حدّ قُرَيِّب يِسْمع صُوَيتُه.

و السّيْف لِسّه في إيدُه، صُهَيْب رفعُه و نِزِل بيه على راس المومْيا تاني.

راس المومْيا اِتْقسمِت نُصّيْن و الضّغْط اللي حَوالين زوْرُه ضِعِف فجْأة.

صُهَيْب وِقِع على رُكْبِتُه و فِضِل يِكُحّ جامِد.

بعْد شُوَيّة صُهَيْب قام و لاحِظ إنّ المومْيا شكْلها أوْحش مِن الأوِّل و مكانِتْش بتِتْحرك. وكإنّها نايْمة و هِيَّ واقْفة.

و هُوَّ مِش مصدّق نفْسُه، صُهَيْب رفع رِجْلُه اليِمين و زقّ المومْيا في رِجْلها هِيَّ.

رِجْل المومْيا طارِت و كإنّها معْمولة مِن خشب. المومْيا وِقْعِت على وِشّها.

صُهَيْب تفّ عليْها و شتمْها تاني. للِّحْظة اِفْتكر أحْمد و مكانْش عارِف يِعيّط وَلّا يِضْحك.

زوْرُه كان هَيْموّتُه مِن الوَجع. صُهَيْب سِمِع صوْت وَراه و غمّض عيْنُه ثانْيَة.

Sohaib saw the mummy's arm moving, and suddenly there was a massive pressure around his throat. The pressure was increasing fast, and Sohaib felt terrible pain.

Sohaib found himself screaming in agony, but no one else was there to hear his screams.

The sword still in his hand, Sohaib raised it and swung it down on the head of the mummy again.

The head of the mummy was split in half, and the pressure around his throat suddenly weakened. Sohaib fell on his knees and proceeded to cough a lot.

After a while, Sohaib got up and noticed that the mummy had become even uglier and that it wasn't moving. As if it was sleeping while it was standing.

Unable to believe himself, Sohaib raised his right leg and kicked the mummy in its own leg.

The mummy's leg flew off as if it were made of wood. The mummy fell flat on its face.

Sohaib spat on it and cursed again. For a moment, he remembered Ahmed and didn't know whether to cry or to laugh.

His throat was killing him from the pain. Sohaib heard a voice behind him and shut his eyes for a second [out of frustration].

صوْت رِجْليْن على الرّمْل. مِن غيْر ما يِلِفّ صُهيْب فِهِم الصّوْت جايّ مِنيْن.

بعْد كِده صُهيْب سِمِع صوْت الموْميا المُدرّعة و هِيَّ بتِتْكلِّم لُغة غريبة. صُهيْب لفّ و سأل نفْسه "هُوَّ فيه أيْه؟"

الموْميا دي كانِت أضْخم و أطْول بِكْتير مِن الأوّلانية. و كان وِشّها نُصُّه مِش باين بِسبب الخوذة. عيْنْها كانِت بِتِلْمع أزْرق.

فجْأة الموْميا مدِّت إيدْها. صُهيْب لِقي السّيْف في إيدُه بيِتْهزّ و كإنّ حد بيْشِدُّه.

صُهيْب مقدِرْش يِسْتحْمِل فا ساب السّيْف. بعْد كِده السّيْف طار حْرفِيّاً مِن إيدُه لإِيد الموْميا.

صُهيْب فِضِل باصِص.

"يا حبيبي...!"

"إنْتَ على أرْض مِش أرْضك."

صُهيْب لمّا سِمِع الجُمْلة دي اِفْتكر إنّ حدّ تاني بيِتْكلِّم. الصّوْت كان تِخين جِدّاً، و كان عامِل كإِنُّه جايّ مِن واحِد عنْدُه سرطان في الحنْجرة.

"إنْتَ على أرْض ملْعونة."

The sound of feet on the sand. Without turning, Sohaib understood from what that sound was coming from.

After that, Sohaib heard the sound of the armored mummy while it was speaking a strange language. Sohaib turned and asked himself, "What the hell is going on?"

This mummy was much larger and taller than the first. Half of its face was not visible because of the helmet. Its eyes were glowing blue.

Suddenly the mummy reached out with its arm. Sohaib felt the sword in his hand, shaking as if someone was pulling on it.

Sohaib could not bear it, so he let go. After that, the sword literally flew out of its hand into the mummy's hand.

Sohaib [just] stared.

"What the... ?"

"You are on a land that is not yours."

Sohaib, when he heard this sentence, thought that someone else was speaking. The voice was very deep and was as if it were coming from someone who had throat cancer.

"You are on a cursed land."

"أنا عاوِز أمْشي مِن هِنا أصْلاً. أخْرُج إزّاي؟"

"اللي على الأرْض الملْعونة مِش بيُخْرُج تاني. لازِم يِدْفع التّمن."

"تمن؟ عاوِز فِلوس تِعْمِل بيها أيْه؟ تِجيب تقْويم؟"

صُهيْب نِدِم على اللي قالُه لمّا السّيْف في إيد الموْميا اِتْرفع. "التّمن هُوَّ حَياتك. عنْدك كلام عاوِز تِقولُه؟"

"عشان يِوْصل لِمين؟"

الموْميا اِتْحرّكِت و صُهيْب لفّ عشان يِرْجع في الممرّ. و هُوَّ داخِل عليْه، فيه باب مِن طوب خرج مِن الأرْض و قفل عليْه.

الطّريق الوَحيد دِلْوَقْتي كان وَرا الموْميا. الأدْرِنالين كان شغّال جامِد و الخوْف كان هَيْموِّتُه.

صُهيْب لفّ و جِري لِقُدّام بِسُرْعة جِدّاً.

لمّا وَصل لِلموْميا اِتْزحْلق مِن تحْتيها. وِقِف تاني بِسُرْعة و جِري ناحْيِةْ الباب.

الباب طبْعاً كان بيِقْفِل بسّ هُوَّ لِحِق يعدّي و الباب قفل وَراه.

دِلْوَقْتي صُهيْب كان في سَواد تامّ و مكانْش شايِف حاجة قُدّامُه. قلْبُه كان هايِج و كان فيه وَجع جامِد في صِدْرُه.

"I want to get out of here, anyway. How do I get out?"

"He who is on the cursed land does not leave it again. He must pay the price."

"Price? What do you want money for? To get braces?"

Sohaib regretted what he said when the sword in the mummy's hand was raised. "The price is your life. Any last words?"

"For whom?"

The mummy moved, and Sohaib turned to go back in the corridor. As he was advancing toward the entrance, a door made of stone jutted out from the ground and closed it off.

The only way now was behind the mummy. Adrenaline was actively running, and the fear was killing him.

Sohaib turned and ran forward very quickly.

When he reached the mummy, he slid underneath. He quickly stood up and ran towards the door.

Of course, the door was closing, but he managed to pass through in time, and the door closed behind him.

Now Sohaib was in complete blackness and didn't see anything in front of him. His heart was agitated, and he was there was a stiff pain in his chest.

التّعب كان بدأ ياخُد مِنُّه جامِد.

أوّل ما فكّر إنُّه يُقعُد على الأرْض الباب بدأ يِفْتح تاني و الضِّلّ بِتاع خوذة مُدرّعة ظهر جنْب رِجْلُه.

"يا ابْن ال...!"

صُهيْب قام بِسْرْعة و لفّ و طلّع موبايْله. فتحُه لِقي إنّ هُوَّ فصل شحْن.

مكانْش قُدّامُه غيرْ إنُّه يِجْري في الضّلْمة. زيّ الصّاروخ صُهيْب جِري لِحدّ ما وَصل الأوْضة اللّى فيها المومْيا الأوّلانية.

صُهيْب مكانْش شخْص رِياضي، و عُمْرُه ما جِري المسافة دي بِالسُّرْعة دي في حَياتُه. كان قلْقان يِنْهار مِن التّعب.

صُهيْب لاحِظ إنّ الممرّ الرّئيسي كان مفْتوحْلُه. أخيراً هَيِعْرف يِهْرب.

و هُوَّ داخِل على الممرّ صُهيْب لاحِظ حاجة بِتِتْحرّك في الضّلْمة. بعْد ثانْيتيْن المومْيا كانِت واقْفة قُدّامُه.

صُهيْب حسّ بِابْتِسامة في وِشّ المومْيا المُشوّهْ.

"مفيش مفر مِن الموْت. لازِم تِدْفع التّمن." صوْت المومْيا كان بيِرْنّ في وِدْن صُهيْب.

Fatigue was starting to take hold.

As soon as he thought about sitting on the ground, the door began to open again, and the shadow of a helmet appeared next to his leg.

"Son of a ...!"

Sohaib quickly got up, turned around, and got out his cell phone. He turned it on and found that the battery had run out.

He had no choice except to run in the dark. Like a rocket, Sohaib ran until he reached the room where the first mummy was located.

Sohaib was not an athletic person and had never run this distance with such speed in his life. He was worried he might collapse from fatigue.

Sohaib noticed that the main corridor was open for him. Finally, he could escape.

As Sohaib was going into the corridor, he noticed something moving in the dark. Two seconds later, the mummy was standing in front of him.

Sohaib detected what looked like a smile on the mummy's deformed face.

"There is no escape from death. You must pay the price." The mummy's voice was ringing in Sohaib's ears.

كان بدأ يحِسّ باليَأْس، و إنّ فعلاً مفيش مِفرّ مِن السِّحْر ده. و كإنّ فيه لعْنة.

فجْأة صُهيْب لاحِظ حركة على شِمالُه. التُّراب كان بيتْحرّك و كإنُّه عايِش.

بعْد كِده التُّراب وِقِف على حيْلُه. التُّراب كان بيِلِفّ حَوالين نفْسُه. صُهيْب لاحِظ إنّ كان فيه رسْمة لِجِسْم شخْص وِسْط حركِةْ التُّراب.

بعْد ثَواني كان فيه مومْيا تانْيَة واقْفة، ماسْكة سيْف قدّ التّاني مرّتيْن. مِن كُتْر حجْمُه السّيْف كان بوزُّه على الأرْض.

المومْيا فِضْلِت باصّة لِصُهيْب شُوَيّة و فجْأة بصّت ناحْيِةْ المومْيا الأوّلانية.

"تُحْتْمُس... دي مِش شُغْلانْتك."

الصّوْت اللي طِلِع مِنْها كان شبهْ المومْيا الأوّلانية، بسّ كان مُخْتلِف. صُهيْب حسّ بإِنْسانيتُه بالرّغْم مِن شكْلُه.

المومْيا الأوّلانية كان إسْمها تُحْتْمُس... و تُحْتْمُس ردّ بلُغة مُخْتلِفة. كان بايِن في صوْتُه العصبية. أكيد ده كان كلام الفراعْنة، لُغةْ المصْريّين القُدماء.

He was starting to feel hopeless and that there was actually no escape from this magic. As if there were indeed a curse.

Suddenly, Sohaib noticed movement to his left. Dust was moving as if it was animated.

Afterward, the dust stood on its own accord. The dust was revolving around itself. Sohaib noticed the outline of a figure amidst the movement of dirt.

Seconds later, there was another mummy standing, holding a sword twice the size of the other one. Due to its size, the tip of the sword rested on the ground.

The mummy's gaze remained fixed on Sohaib for a time, and then suddenly, it looked toward the first mummy.

"Thutmose... this is none of your business."

The sound that came out of it was similar to the first mummy but was different. Sohaib felt its humanity despite its appearance.

The first mummy was named Thutmose... and Thutmose responded in a different language. It was apparent from his voice that he was angry. Surely that was the tongue of the pharaohs–the language of the ancient Egyptians.

المومْيا الجِديدة فضْلِت ساكْتة شْوَيّة. "أنا أتّكلِّم باللّغة اللي تِعْجِبْني. و كمان مكانك مِش هِنا. اُخْرُج يا إمّا هضْطرّ أخرّجك بِنفْسي."

تُحْتْمُس بان عليْه العصبية و أخد وَضْع القِتال و رفع سيْفُه.

"إنْتَ متاخُدْش في إيدي ضرْبة." المومْيا كانِت هادْيَة جِدّاً، على عكْس تُحْتْمُس.

المومْيا فجْأة كانِت واقْفة عنْد تُحْتْمُس. صوْت السّيْفيْن و هُمّا بِيِخْبطوا بعْض رنّ في وِدْن صُهيْب.

الحركة كانِت سريعة جِدّاً مِن المومْيا التّانْيَة لِدرجِةْ إنّ صُهيْب مشافْش اللي حصل.

ده فِضِل يِتْكرّر كذا مرّة و صُهيْب واقِف يِتْفرّج و هُوَّ مِش مِصدّق.

تُحْتْمُس كان ماسِك نفْسُه بسّ كان واضِح لِصُهيْب مين اللي كان بِيِكْسب.

بعْد ضرْبات كِتيرة ما بيْن السّيْفيْن و أصْوات الرّن في وِدْن صُهيْب، المومْيا ضربِت تُحْتْمُس في صِدْرُه.

السّيْف الكِبير دخل في صِدْر تُحْتْمُس و الصّوْت كان وِحِش جِدّاً. المومْيا شالِت السّيْف و بعْد كِده لفِّت و طيرِّت راس تُحْتْمُس.

The new mummy remained silent for a while. "I speak whatever language I please. Also, your place is not here. Leave, or I will have to escort you out myself."

The anger was apparent on Thutmose, and he took a fighting position and raised his sword.

"You won't survive a [single] hit." This mummy was very calm, unlike Thutmose.

The mummy was suddenly standing next to Thutmose. The sound of the two swords while they were clashing rang in Sohaib's ears.

The movement was so fast from the other mummy that Sohaib could not see it [as it happened].

This repeated itself for a time, while Sohaib was standing and watching, disbelieving.

Thutmose was holding on, but it was clear to Sohaib who was winning.

After many clashes of the swords and the ringing sounds in the ears of Sohaib, the mummy hit Thutmose in his chest.

The big sword entered Thutmose's chest, and the sound was very bad. The mummy pulled out the sword, and after that, it turned and decapitated Thutmose.

في لحْظة تْحْتْمْس كان اِتْحوّل لِتْراب شبهْ اللي المومْيا جت مِنُّه و اِخْتفى.

المومْيا فِضْلِت واقْفة شْوَيّة و ضهْرها لِصُهيْب. صُهيْب كان عارِف إنّ نِهايْتْه قرّبِت.

المومْيا لفِّت و بصِّت مُباشرةً في عينْ صُهيْب.

"أنا أحْمُس. ليْه دخلْت هِنا؟"

صُهيْب مكانْش عارِف يِرُدّ يِقول أيْه. "صدّقْني، أنا مِش عارِف حاجة."

"صاحْبك حذّرك إنّك متْدْخُلْش جُوّه الممرّ. إنْتَ عارِف وُجودك هِنا ده معْناه أيْه؟"

"لأ... أيْه؟"

"اللّعْنة."

"لعْنةْ أيْه؟ أنا عايِز أروّح."

"هترْوّح. متْخافْش، مِش هأْذيك. بسّ لازِم تِعْرف لعْنتِك."

❖ ❖ ❖

صُهيْب كان واقِف عنْد الأوْضة الصُّغيّرة اللي جنْب الأوْضة الرّئيسية اللي فيها مجْموعْتْه. لمّا دخل شافْهُم مِتْجمّعين.

In a [single] moment, Thutmose turned into dust, similar to the one the mummy had come out of, and disappeared.

The mummy remained standing a little bit with its back to Sohaib. Sohaib knew that his end was near.

The mummy turned and looked straight into Sohaib's eyes.

"I am Ahmose. Why did you enter this place?"

Sohaib did not know what to say. "Believe you me, I know nothing."

"Your friend warned you not to enter the corridor. Do you know what your presence here means?"

"No... what?"

"A curse."

"What curse? I want to go home."

"You will go. Do not worry. I will not harm you. But you must know your curse."

Sohaib was standing at the [entrance of the] small room leading to the main room that his group was in. When he entered, he saw them gathered together.

لمّا شافوه كلُّه اتْجمّع عليْه.

حُسام كان واقِف قُدّامُه. كان في وِشُّه الرُّعْب. "صُهيْب! إنْتَ كُنْت فينْ؟!
أيْه اللي جرالك؟!"

"لأ مفيش... كُنْت بلِفّ شْوَيّة بسّ."

"مفيش؟! يابْني إنْتَ شكْلك و كإنّ حدّ كان هَيْموِّتك! إنْتَ تُهْت جُوّه؟"

صُهيْب عمل أه برِاسُه.

"المُهِمّ إنّك كُوَيِّس. أحْمد صاحْبك مكانْش معاك؟"

صُهيْب اِسْتغْرب. "لأ... هُوّ مِش هِنا؟"

"أه... محدِّش لاقيه. و اِخْتفى في نفْس الوَقْت اللي إنْتَ اِخْتفيْت فيه.
أكيد هنْلاقيه جُوّه. دوّروا عليْه يا شباب! و كُلّ واحِد موبايْلُه مفْتوح!"

❖ ❖ ❖

صُهيْب كان باصِص مِن الشِّبّاك بتاع الباص على النّيل. الشّمْس كانِت في الغُروب. صُهيْب كان مبِرّق، لِسّه مِش مِسْتوْعب اللي حصل في الكام ساعة اللي فاتوا.

"مالك يا صُهيْب؟ عامِل زيّ المومْيا[1] كِده ليْه؟"

When they saw him, they all gathered around him.

Hussam was standing in front of him. There was terror on his face. "Sohaib! Where were you ?! What happened to you?!"

"Oh, it's nothing... I was just exploring for a bit."

"Nothing?! Son, you look as if someone was about to kill you! Did you get lost inside?"

Sohaib nodded.

"What is important is that you are fine. Ahmed, your friend, wasn't with you?"

Sohaib was confused. "No... he's not here?"

"No... nobody has found him. He disappeared at the same time that you disappeared. We are sure to find him inside. Everyone search for him! Everyone, cell phones on!"

Sohaib was looking from the window of the bus toward the Nile. The sun was setting. Sohaib was staring, still unable to process what happened the past few hours.

"What's wrong, Sohaib... why are you acting like a mummy?"

---

[1] that is, like a statue, not moving

صُهيْب بصّ بِسُرْعة لِأحْمد. كان في وِشُّه اِبْتِسامة... و كان تحْتها حاجة تانْيَة.

صُهيْب فِضِل باصِصْلُه شْوَيّة. فِهِم بعْدها الموْضوع بِالرّغْم مِن حجْمُه. الاِسْتيعاب وَصلُّه بِالرّاحة. صُهيْب كان صُعِق.

أحْمد.

أحْمُس.

يِمْكِن أحْمُس ده مكانْش مُجرّد موْميا... و أحْمد مكانْش مُجرّد إنْسان!

أحْمد هُوَّ اللي أنْقذ صُهيْب مِن تُحْتْمُس!

Sohaib immediately looked at Ahmed. He had a smile on his face... and underneath [that smile], there was something else.

Sohaib's gaze remained fixed on him for a time. Then he understood the whole thing, despite the weight of understanding it. The realization reached him slowly. Sohaib was dumbfounded.

Ahmed.

Ahmose.

Perhaps, Ahmose was not just a mummy... and Ahmed was not just a human being!

Ahmed was the one who had rescued Sohaib from Thutmose!

Arabic Text without Tashkeel

For a more authentic reading challenge, read the story without the aid of diacritics (tashkeel) and the parallel English translation.

النيل كان أزرق و اليوم كان حر جدا. الشمس كانت قوية جدا و صهيب كان حاسس بالحر الشديد.

صهيب كان زهقان و هو بيتفرج على الشارع. العربيات مكانتش كتيرة أوي، و هو عمال يتفرج على كل واحدة بتعدي جنبه.

صهيب و زمايله كانوا راكبين باص في رحلة لمدينة أسوان علشان يزوروا معبد أبو سمبل. الجامعة بتاعتهم كانت مرتباها. زمايل صهيب كانوا متحمسين، لكن صهيب نفسه كان عايز يرجع البيت.

"مالك بس يا صهيب؟ متضايق ليه؟"

صهيب بص و لقي زميله أحمد. "لأ مفيش يا أحمد... سرحان شوية بس."

"طب صحصح معايا كده عشان قربنا."

بعد ربع ساعة الباص وصل المعبد. كان فيه شوية سياح من دول مختلفة، بس مكانوش كتير أوي. صهيب نزل من الباص هو و زمايله.

صهيب فضل شوية مركز مع بنت زميلة ليه. كان إسمها سلمى. صهيب كان معجب بس كان قلقان يقول لسلمى على مشاعره و هي ميكونش عندها أي مشاعر ناحيته.

صهيب خد نفس عميق و طلعه. بعد كده بص فوق و اتفرج على التماثيل الكبيرة. كلهم كانوا شبه بعض بالظبط. كانوا قاعدين في صف و كإنهم عائلة ملكية.

صهيب لاحظ إن واحد من التماثيل كان نصه الفوقاني مش موجود. "هو النص الفوقاني راح فين؟" صهيب سأل أحمد.

"كان فيه زلزال خلى النص الفوقاني يقع. النص التحتاني بس هو اللي فضل."

صهيب كان فضولي شوية. "طب و لمين التماثيل دي؟"

"كل تمثال فيهم هو نفس الشخص... رمسيس التاني."

"يعني ده كان فرعون و عمل لنفسه أربع تماثيل؟ ده شايف نفسه قوي!"

"هو عنده حق بصراحة. ده عمل حاجات عظيمة في مسيرته."

"زي أيه؟"

"زي المعبد اللي قدامك ده. تخيل تنحت معبد في الجبل و إنت عايش من تلاتلاف سنة!"

"وجهة نظر تحترم." صهيب فضل باصص على التمثال شوية. بعد كده هو و زمايله دخلوا المعبد.

المنظر جوه كان روعة. على اليمين و الشمال كان فيه صفين لتماثيل شبه بالظبط اللي كانوا بره.

صهيب حس و كإنه رجع تلاتلاف سنة بالفعل، و إنه بقى في عصر الفراعنة. صهيب حس إن الموضوع بدأ يبقى شيق بالفعل.

الأرض كانت ناشفة و متغطية بالرمل، و في آخر الممر باين كان فيه أوضة كبيرة و كانت منورة شوية. لما الجماعة دخلوا صهيب لقي إن الأوضة فعلا منورة بشعلات نارية متعلقة على الحيط.

الحيط نفسه كان لونه دهبي ضعيف، و كان فيه شروخ. فيه شخص خرج من المجموعة اللي هي عبارة عن صهيب و زمايله و منظمين الرحلة. المنظمين كانوا برضه شباب و فرق السن بينهم و بين صهيب مكانش كبير.

الشخص اللي خرج من المجموعة ده كان من المنظمين. كان رفيع و عنده دقن خفيفة، و كان لابس تي شيرت أحمر و بنطلون چينز أزرق و جزمة بيضا. شعره كان قصير و كان لونه بني غامق.

أخد خطوتين و بعد كده لف و بص للمجموعة. "طيب يا جماعة، أنا إسمي حسام و أنا النهارده هكون مسئول عن الرحلة من دلوقتي لحد أما نركب الباص تاني. أي حد عنده سؤال، أي حد عايز يروح الحمام، أو أي حد نفسه يقول حاجة يقولي. متفقين؟"

"هنشوف المومیا إمتى؟" واحد ظريف من الشباب سأل.

"هتشوفها، متخافش." حسام قال و هو مبتسم. كان باين في وشه إنه بيتريق.

أحمد قرب من صهيب و اتكلم بصوت واطي. "تخيل لقيناها حية!"

"عادي، هجريها وراك."

"عسل يا صهيب."

"اسكت بقى، عاوزين نسمع!"

حسام كان بيشرح الموضوع هيمشي إزاي و هيلفوا جوه المعبد إزاي. "أول حاجة هنتفرق في الأوضة دي كلنا للي عاوز يتفرج على الكتابات على الحيط أو التماثيل الموجودة هنا أو لو حد عاوز يدخل الحمام. هنعقد نص ساعة، بعد كده هنتجمع هنا تاني. محدش يبعد و محدش يدخل في أي أوضة أو أي ممر مش تبعنا."

"شكلك خايف كده من لعنة الفراعنة!" واحد من زمايل صهيب اتكلم و لكن حس بغلطته في لحظتها. كان فيه سكوت تام و الولد كان محرج جدا.

وش حسام كان متغير و صهيب كان حاسس كان إنه شوية و كان هيغلط في الولد. "إنت شكلك وحش و أنا أنصحك إنك متتكلمش تاني."

حسام بعد كده بص للمجموعة ككل. "حد عنده أسئلة يا جماعة؟ تمام، نص ساعة و نتقابل هنا كلنا." المجموعة اتفرقت مجموعات أصغر و كل واحدة راحت في اتجاه. للأسف سلمى كان معاها ناس كتير و صهيب مكانش هيعرف يكلمها.

بس صهيب مكانش هيخلي ده يضايقه. صهيب بص على يمينه و لقي أحمد و راحله. "هنعمل أيه؟"

"شوف إنت نفسك في أيه."

صهيب أخد أحمد على جنب. "بقولك أيه... شايف الأوضة اللي هناك دي؟"

"أحمد ضحك شوية. "بتفكر في أيه يا مجنون؟"

"تعالى قبل ما حد ياخد باله... أوضة أيه و قرف أيه! أنا زهقان أصلا."

صهيب و أحمد اتسحبوا وسط المجموعة و من غير ما حسام ياخد باله. وصلوا لمدخل الأوضة التانية و لقوها فاضية.

"بص هناك." أحمد شاور على ركن من الأوضة. صهيب بص و لقي بداية ممر و كان باين إنه ضلمة جدا. الواحد يدخل جوه ميشوفش حاجة.

"بقولك أيه... بلاش هبل و يلا نرجع. هندخل جوه هنتوه و هتبقى مصيبة سودا."

"بطل قلق على ولا حاجة. نتوه أيه يابني؟ هو اتجاه واحد هنمشيه، لو زهقنا هنلف و نرجع. موبايلك و كشافك و مش عايز حاجة من حد!"

"مش حاسسها بصراحة. اعتبرني بره الموضوع."

"براحتك." صهيب خد خطوة لقدام.

"هتروح لوحدك؟"

"إنت شايف أيه؟"

"بالسلامة. إبقى سلملي على الموميا اللي جوه."

"يوصل يا حبيبي. بلاش تسيحلي بس."

"متخافش، هما هيعرفوا لوحدهم من صويتك."

"عسل."

صهيب طلع موبايله و دخل جوه الممر و هو مش عارف هو رايح فين و مش شايف الممر هيوصله فين. فتح الكشاف اللي في موبايله و لقي إن الممر كان بيضيق تدريجيا. الحيط كان بيضيق و السقف كان بيقصر برضه.

صهيب حس بنوع من التردد بس تجاهل ده و كمل في طريقه عادي. الدنيا كانت ضلمة جدا. من غير الكشاف كان هيكون كإنه أعمى.

صهيب بص وراه و لقي إن الضوء اللي جاي من الأوضة كان بدأ يضعف. و قدامه الدنيا كانت لسه سودا. الموضوع بدأ يقلقه بس هو جازف و كمل. هيحصل أيه يعني؟ شوية ضلمة و تراب و خلاص.

يمكن حاجة تحصل يعرف يقول عليها لسلمى.

صهيب سمع صوت صوت حد بيتنفس و وقف. بص وراه. الضوء كان مش موجود تقريبا.

بص قدامه. مفيش حد. و الدنيا لسه سودا خالص. صهيب أقنع نفسه إنه بيتخيل، خد نفس عميق و كمل.

شوية و صهيب بص وراه لقي إن الضوء اختفى خالص. قدامه كان فيه ضوء تاني. و كإن الضوء بدل مكانه. أو صهيب لف و رجع و هو مش واخد باله.

المهم إن صهيب لاحظ الأوضة الجديدة كانت شبه الأوضة اللي فاتت. و كإنها نفس الأوضة من غير الناس.

صهيب وصل للأوضة و لقي ولا حاجة.

"أيه الهبل ده؟" صهيب قال في سره. الأوضة كانت فاضية تماما، و الأرض كانت لونها سودا و كانت مصنوعة من حجر.

الحيط كان أبيض خالص. و في نص الحيطة القدامانية صهيب لاحظ رسمة لباب. الغريب إنه كان باين إنه باب و هو مش باب... ده كان قبر.

صهيب كشر و قرب من القبر شوية. كان فيه هدوء مش طبيعي، و كإن الصوت في الأوضة اتشفط.

و هو واقف عند القبر اللي مبني جوه الحيطة، كان فيه صوت حاجة بتتهبد، و كإنه انفجار... و في نفس الوقت مش انفجار.

صهيب بص وراه و قلبه وقع في رجله.

قدامه كان فيه شخص واقف... ملفوف في كفن معفن. و الكفن كان متآكل و باين إنه كان تحت الأرض. بعد ثانية صهيب لاحظ إن الشخص ذات نفسه كان يبان إنه تحت الأرض.

بغض النظر، صهيب بدأ يخاف. "إنت مين؟"

مكانش فيه رد و الشخص فضل واقف ثانية. بعد كده خد خطوة لقدام بطريقة خلت قلب صهيب يقع في رجله تاني.

"إنت بتعمل أيه يا عمر؟ ما ترد عليا!"

برضه مفيش رد. خطوة كمان. المسافة بينهم كانت حوالي سبع خطوات دلوقتي. صهيب بدأ يسمع صوت حد بيتنفس. بالظبط زي اللي سمعه في الممر الضلمة.

"بقولك أيه... متهزرش. لو قربت مني هزعلك بجد."

مفيش رد. مع كل خطوة قلب صهيب قعد يدق أسرع و الخوف قعد يزيد. صهيب بص بسرعة حواليه و لقي ممر تاني صغير على شماله.

أربع خطوات. بعد ثانية صهيب جري قدام و حوالين الشيء المرعب ده، اللي هو فضل واقف و كإنه بيتفرج صهيب هيعمل أيه.

صهيب كان بيحاول يوصل الممر الرئيسي. من ركن عينه صهيب لاحظ إن الشخص اتحرك.

في ثانية الشيء كان داخل عليه بسرعته.

صهيب لقي نفسه دخل شمال عشان يبعد. الخوف كان تقريبا هيقتله الأول. زود سرعته و دخل الممر الصغير.

المرة دي كان منور بطريقة شبه الأوضة الأولانية خالص.

آخر الممر كان فيه أوضة تانية مش بعيدة. بس كانت ضلمة. صهيب كان لسه سامع صوت نفس الشيء و كإنه لازق في ضهره.

صهيب جري لحد آخر الممر و طلع موبايله. لما وصل الأوضة فتح الكشاف و لقي قدامه طرابيزة كبيرة من طوب.

لونها دهبي و كان ليها رسمة باب برضه.

ده كان قبر تاني. المرة دي كان الباب مفتوح. الباب كان مرمي عند الحيطة القدامانية بتاعة الأوضة.

صهيب جري ناحية القبر و هو معدي لاحظ إن فيه شخص تاني جوه، شبه اللي كان بيجري وراه ما عدا حاجة واحدة.

الشخص ده كان ميت، غير إنه كان لابس درع، و إنه كان ماسك سيف.

صهيب مد إيده و مسك السيف. اتفاجئ إن السيف كان خفيف في إيده. صهيب لف و بص، لقي الشيء واقف و كإنه بقاله فترة.

صهيب رفع السيف. "لو قربت مني هشوهك... و إنت مش ناقص أصلا."

الصوت اللي طلع من الشيء أكد لصهيب إنه كان حرفيا بيتكلم مع موميا. ده غير إن قلبه كان هينط من الخضة. صهيب شتمها في سره.

فجأة الموميا جريت ناحية صهيب. مكانش فيه وقت أو مجهود إن صهيب يكمل جري.

صهيب رفع السيف شوية كمان و نزل بيه على راس الموميا.

السيف شرخ في نص راسها. و الصوت اللي طلع كان تقريبا صوت وجع شديد منها.

صهيب شاف دراع الموميا بتتحرك و فجأة كان فيه ضغط قوي حوالين زوره. الضغط كان بيزيد جامد و صهيب حس بوجع رهيب.

صهيب لقي نفسه بيصوت من الوجع بس مكانش فيه حد قريب يسمع صويته.

و السيف لسه في إيده، صهيب رفعه و نزل بيه على راس الموميا تاني.

راس الموميا اتقسمت نصين و الضغط اللي حوالين زوره ضعف فجأة. صهيب وقع على ركبته و فضل يكح جامد.

بعد شوية صهيب قام و لاحظ إن الموميا شكلها أوحش من الأول و مكانتش بتتحرك. وكإنها نايمة و هي واقفة.

و هو مش مصدق نفسه، صهيب رفع رجله اليمين و زق الموميا في رجلها هي.

رجل الموميا طارت و كإنها معمولة من خشب. الموميا وقعت على وشها.

صهيب تف عليها و شتمها تاني. لللحظة افتكر أحمد و مكانش عارف يعيط ولا يضحك.

زوره كان هيموته من الوجع. صهيب سمع صوت وراه و غمض عينه ثانية.

صوت رجلين على الرمل. من غير ما يلف صهيب فهم الصوت جاي منين.

بعد كده صهيب سمع صوت الموميا المدرعة و هي بتتكلم لغة غريبة. صهيب لف و سأل نفسه "هو فيه أيه؟"

الموميا دي كانت أضخم و أطول بكتير من الأولانية. و كان وشها نصه مش باين بسبب الخوذة. عينها كانت بتلمع أزرق.

فجأة الموميا مدت إيدها. صهيب لقي السيف في إيده بيتهز و كإن حد بيشده.

صهيب مقدرش يستحمل فا ساب السيف. بعد كده السيف طار حرفيا من إيده لإيد الموميا.

صهيب فضل باصص.

"يا حبيبي...!"

"إنت على أرض مش أرضك."

صهيب لما سمع الجملة دي افتكر إن حد تاني بيتكلم. الصوت كان تخين جدا، و كان عامل كإنه جاي من واحد عنده سرطان في الحنجرة.

"إنت على أرض ملعونة."

"أنا عاوز أمشي من هنا أصلا. أخرج إزاي؟"

"اللي على الأرض الملعونة مش بيخرج تاني. لازم يدفع التمن."

"تمن؟ عاوز فلوس تعمل بيها أيه؟ تجيب تقويم؟"

صهيب ندم على اللي قاله لما السيف في إيد الموميا اترفع. "التمن هو حياتك. عندك كلام عاوز تقوله؟"

"عشان يوصل لمين؟"

الموميا اتحركت و صهيب لف عشان يرجع في الممر. و هو داخل عليه، فيه باب من طوب خرج من الأرض و قفل عليه.

الطريق الوحيد دلوقتي كان ورا الموميا. الأدرنالين كان شغال جامد و الخوف كان هيموته.

صهيب لف و جري لقدام بسرعة جدا.

لما وصل للموميا اتزحلق من تحتيها. وقف تاني بسرعة و جري ناحية الباب.

الباب طبعا كان بيقفل بس هو لحق يعدي و الباب قفل وراه.

دلوقتي صهيب كان في سواد تام و مكانش شايف حاجة قدامه. قلبه كان هايج و كان فيه وجع جامد في صدره.

التعب كان بدأ ياخد منه جامد.

أول ما فكر إنه يقعد على الأرض الباب بدأ يفتح تاني و الضل بتاع خوذة مدرعة ظهر جنب رجله.

"يا ابن ال...!"

صهيب قام بسرعة و لف و طلع موبايله. فتحه لقي إن هو فصل شحن.

مكانش قدامه غير إنه يجري في الضلمة. زي الصاروخ صهيب جري لحد ما وصل الأوضة اللى فيها الموميا الأولانية.

صهيب مكانش شخص رياضي، و عمره ما جري المسافة دي بالسرعة دي في حياته. كان قلقان ينهار من التعب.

صهيب لاحظ إن الممر الرئيسي كان مفتوحله. أخيرا هيعرف يهرب.

و هو داخل على الممر صهيب لاحظ حاجة بتتحرك في الضلمة. بعد ثانيتين الموميا كانت واقفة قدامه.

صهيب حس بابتسامة في وش الموميا المشوه.

"مفيش مفر من الموت. لازم تدفع التمن." صوت الموميا كان بيرن في ودن صهيب.

كان بدأ يحس باليأس، و إن فعلا مفيش مفر من السحر ده. و كإن فيه لعنة.

فجأة صهيب لاحظ حركة على شماله. التراب كان بيتحرك و كإنه عايش.

بعد كده التراب وقف على حيله. التراب كان بيلف حوالين نفسه. صهيب لاحظ إن كان فيه رسمة لجسم شخص وسط حركة التراب.

بعد ثواني كان فيه موميا تانية واقفة، ماسكة سيف قد التاني مرتين. من كتر حجمه السيف كان بوزه على الأرض.

الموميا فضلت باصة لصهيب شوية و فجأة بصت ناحية الموميا الأولانية.

"تحتمس... دي مش شغلانتك."

الصوت اللي طلع منها كان شبه الموميا الأولانية، بس كان مختلف. صهيب حس بإنسانيته بالرغم من شكله.

الموميا الأولانية كان إسمها تحتمس... و تحتمس رد بلغة مختلفة. كان باين في صوته العصبية. أكيد ده كان كلام الفراعنة، لغة المصريين القدماء.

الموميا الجديدة فضلت ساكتة شوية. "أنا أتكلم باللغة اللي تعجبني. و كمان مكانك مش هنا. اخرج يا إما هضطر أخرجك بنفسي."

تحتمس بان عليه العصبية و أخد وضع القتال و رفع سيفه.

"إنت متاخدش في إيدي ضربة." الموميا كانت هادية جدا، على عكس تحتمس.

الموميا فجأة كانت واقفة عند تحتمس. صوت السيفين و هما بيخبطوا بعض رن في ودن صهيب.

الحركة كانت سريعة جدا من الموميا التانية لدرجة إن صهيب مشافش اللي حصل.

ده فضل يتكرر كذا مرة و صهيب واقف يتفرج و هو مش مصدق.

تحتمس كان ماسك نفسه بس كان واضح لصهيب مين اللي كان بيكسب.

بعد ضربات كتيرة ما بين السيفين و أصوات الرن في ودن صهيب، الموميا ضربت تحتمس في صدره.

السيف الكبير دخل في صدر تحتمس و الصوت كان وحش جدا. الموميا شالت السيف و بعد كده لفت و طيرت راس تحتمس.

في لحظة تحتمس كان اتحول لتراب شبه اللي الموميا جت منه و اختفى.

الموميا فضلت واقفة شوية و ضهرها لصهيب. صهيب كان عارف إن نهايته قربت. الموميا لفت و بصت مباشرة في عين صهيب.

"أنا أحمس. ليه دخلت هنا؟"

صهيب مكانش عارف يرد يقول أيه. "صدقني، أنا مش عارف حاجة."

"صاحبك حذرك إنك متدخلش جوه الممر. إنت عارف وجودك هنا ده معناه أيه؟"

"لأ... أيه؟"

"اللعنة."

"لعنة أيه؟ أنا عايز أروح."

"هتروح. متخافش، مش هأذيك. بس لازم تعرف لعنتك."

صهيب كان واقف عند الأوضة الصغيرة اللي جنب الأوضة الرئيسية اللي فيها مجموعته. لما دخل شافهم متجمعين.

لما شافوه كله اتجمع عليه.

حسام كان واقف قدامه. كان في وشه الرعب. "صهيب! إنت كنت فين؟! أيه اللي جرالك؟!"

"لأ مفيش... كنت بلف شوية بس."

"مفيش؟! يابني إنت شكلك و كإن حد كان هيموتك! إنت تهت جوه؟"

صهيب عمل أه براسه.

"المهم إنك كويس. أحمد صاحبك مكانش معاك؟"

صهيب استغرب. "لأ... هو مش هنا؟"

"أه... محدش لاقيه. و اختفى في نفس الوقت اللي إنت اختفيت فيه. أكيد هنلاقيه جوه. دوروا عليه يا شباب! و كل واحد موبايله مفتوح!"

صهيب كان باصص من الشباك بتاع الباص على النيل. الشمس كانت في الغروب. صهيب كان مبرق، لسه مش مستوعب اللي حصل في الكام ساعة اللي فاتوا.

"مالك يا صهيب؟ عامل زي الموميا كده ليه؟"

صهيب بص بسرعة لأحمد. كان في وشه ابتسامة... و كان تحتها حاجة تانية.

صهيب فضل باصصله شوية. فهم بعدها الموضوع بالرغم من حجمه. الاستيعاب وصله بالراحة. صهيب كان صعق.

أحمد.

أحمس.

يمكن أحمس ده مكانش مجرد موميا... و أحمد مكانش مجرد إنسان! أحمد هو اللي أنقذ صهيب من تحتمس!

Egyptian Arabic Readers Series

www.lingualism.com/ear

Lingualism

Egyptian

Arabic

Readers

lingualism.com/ear

Egyptian Arabic Reader

كإنّي بُصّ في المرايَة

Like Looking in a Mirror

by Nourhan Sabek

لَعْنةُ الأسْكنْدر

Alexander's Curse

by Mostafa Abdel Nissm

Egyptian Arabic Reader

جيتَار الحُبّ

The Guitar of Love

by Mohamed Sobhy

Egyptian Arabic Reader

Egyptian Arabic Reader

جَوازي صالوْنات

My Arranged Marriage

by Nourhan Sabek

Egyptian Arabic Reader

سرّ النّجاح

The Secret of Success

by Mohamed Sobhy

Egyptian Arabic Reader

ميدان التّحْرير

Tahrir Square

by Mohamad Osman

أحْلام صامْتة

Silent Dreams

by Nourhan Sabek

Egyptian Arabic Reader

Egyptian Arabic Reader

الصّيّاد و العُمْلة المعْدنية

The Fisherman and the Coin

by Mohamed Sobhy

دِيْل الكّلْب مُمْكن يتْعدل

A Dog's Tale

by Mohamad Osman

Egyptian Arabic Reader

Egyptian Arabic Reader

الصّداقة ولّا الحُبّ؟

Friendship or Love?

by Nourhan Sabek

Egyptian Arabic Reader

الدّجّال

The Charlatan

by Mohamed Sobhy

شيريهان

Sherihan

by Shaimaa Tarek

Egyptian Arabic Reader

Egyptian Arabic Reader

أمل

Hope

by Nourhan Sabek

في الصّحرا

In the Desert

by Mohamed Sobhy

Egyptian Arabic Reader

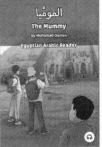

المومْيا

The Mummy

by Mohamad Osman

Egyptian Arabic Reader

Made in the USA
Middletown, DE
04 May 2022

65242745R00033